FLEURUS

Direction : Guillaume Arnaud, Guillaume Pô
Direction éditoriale : Sarah Malherbe
Édition : Anna Guével, assistée de Sophie Virrion
Direction artistique : Élisabeth Hebert
Conception graphique : Séverine Roze
Direction de fabrication : Thierry Dubus
Fabrication : Audrey Bord

Site : www.fleuruseditions.com

ISBN : 9782215136422 • MDS : 592565

La belle histoire de mes 1 an

Texte de Juliette Parachini-Deny
Illustrations de Madeleine Brunelet

FLEURUS

À la découverte du monde

Je dors dans mon petit panier…
Soudain, un papillon se pose sur le bout de mon nez.
D'un coup de patte, j'essaie de le chasser.

Maintenant, je n'ai plus sommeil.
Je vais faire un brin de toilette.

Je passe un coup de patte sur mes moustaches
et aussi derrière mes oreilles !

C'est l'heure du petit déjeuner… j'ai faim !
Je pars à l'aventure dans le jardin.

Le soleil brille déjà sur les fleurs.
Elles ont toutes de jolies couleurs !

Sur le grand cerisier, un oiseau bleu est perché.
Je m'élance… je bondis vers le ciel !
L'oiseau déploie ses ailes et moi, je tombe
dans un champ de blé.

Je me retrouve nez à nez avec une petite souris grise. Elle a vraiment l'air exquise !

La coquine, elle se faufile dans une petite cachette,
derrière une brouette.

Au fond du jardin, il y a un bassin
avec des grenouilles.
Ah, si je pouvais en attraper une !

Je plonge dans l'eau, je fais une pirouette,
et me voilà avec un nénuphar sur la tête !

à côté d'un buisson, je découvre un beau ballon.
Je vais jouer un peu… Aïe ! Ça pique !

Ce n'est pas un ballon, c'est un hérisson !
Vite, d'un bond, je prends la fuite.

Je me dirige vers le potager pour
regarder dans le panier du jardinier.

Il y a des carottes, des salades, des poireaux…
mais pas de petits gâteaux !

J'ai exploré tout le jardin…
Et si j'allais faire une visite au voisin ?

Je bondis sur le mur pour voir le chien Arthur.
Mais dans sa gamelle, il n'y a plus rien !

Je saute pour redescendre du mur.
Patatras ! Je tombe sur un pot de fleurs.
Oh ! Là, là ! Il est tout cassé !
Je vais sûrement me faire disputer.

J'entends une voix douce qui m'appelle :
- Minou, Minou, ton petit déjeuner est prêt !

Je découvre un grand bol de lait.
Je vais enfin pouvoir me régaler !

Achevé d'imprimer en octobre 2020 par DZS, en Slovénie
Numéro édition : J20369-03
Dépôt légal : août 2018